Impressum
Verlag: BABADADA GmbH, Nedderfeld 112 , 22529 Hamburg
Geschäftsführer / Verlagsleitung: Harald Hof
Druck: Books on Demand GmbH, In de Tarpen 42, 22848 Norderstedt

Imprint
Publisher: BABADADA GmbH, Nedderfeld 112 , 22529 Hamburg, Germany
Managing Director / Publishing direction: Harald Hof
Print: Books on Demand GmbH, In de Tarpen 42, 22848 Norderstedt

el salón de clases
教室

dividir
除

186/2

el pizarrón
黑板

el patio
校園

el maestro
老師

el papel
紙

escribir
書寫

el bolígrafo
筆

el escritorio
辦公桌

la regla
直尺

el libro
書

el alumno
學生

la mochila

書包

la caja de lápices

鉛筆盒

el lápiz

鉛筆

el sacapuntas

削鉛筆機

la goma de borrar

橡皮擦

el bloc de dibujo

畫板

el dibujo

圖畫

el pincel

畫筆

la caja de lápices de color

顏料盒

las tijeras

剪刀

el pegamento

膠水

el libro de ejercicios

練習冊

la tarea

家庭作業

el número

數字

sumar

加

restar

減

multiplicar

乘

calcular

計算

la letra

字母

el alfabeto

字母表

la palabra

字

el texto

課文

leer

讀

la tiza

粉筆

la lección

上課

el cuaderno de clase

登記

el examen

考試

el certificado

證書

el uniforme

校服

la educación

教育

la enciclopedia

百科全書

la universidad

大學

el microscopio

顯微鏡

el mapa

地圖

el bote de basura

廢紙簍

el hotel
飯店

el hostel
青年旅社

la casa de cambio
外幣兌換處

la maleta
手提箱

el carro
汽車

el idioma

語言

sí / no

是/否

Órale

好的

hola

您好

el traductor

翻譯人員

Gracias

謝謝

¿cuánto cuesta…?

……多少錢？

No entiendo

我不明白

el problema

問題

¡Buenas tardes!

晚上好！

¡Buenos días!

早上好！

¡Buenas noches!

晚安！

adiós

再見

la dirección

方向

el equipaje

行李

la bolsa

包

la mochila

背包

el invitado

客人

la recámara

房間

la bolsa de dormir

睡袋

la tienda de campaña

帳篷

la información turística

旅行資訊

la playa

海灘

la tarjeta de crédito

信用卡

el desayuno

早餐

el almuerzo

午餐

la cena

晚餐

el billete

票

el ascensor

電梯

el sello

郵票

la frontera

邊界

la aduana

海關

la embajada

大使館

la visa

簽證

el pasaporte

護照

el avión
飛機

el barco
船

el camión de bomberos
消防車

el camión
卡車

el autobús
公車

la lancha a motor
汽艇

el carro
汽車

la bicicleta
腳踏車

el ferry

渡輪

el bote

小船

la motocicleta

機車

la patrulla

警車

el coche de carreras

賽車

el auto para rentar

租車

la renta de autos

拼車

la grúa

拖車

el camión recolector de basura

垃圾車

el motor

馬達

la gasolina

汽油

la gasolinera

加油站

la señal de tráfico

交通標識

el tránsito

交通

el embotellamiento

交通堵塞

el aparcamiento

停車場

la estación de tren

火車站

las vías

軌道

el tren

火車

el tranvía

路面電車

el vagón

客車廂

el helicóptero

直升機

el aeropuerto

機場

la torre

塔

el pasajero

乘客

el contenedor

集裝箱

la caja de cartón

紙板箱

la carretilla

手推車

la cesta

籃子

despegar / aterrizar

起飛/降落

la ciudad

城市

el pueblo

村莊

el centro de la ciudad

市中心

la casa

房子

el cine
電影院

el anuncio
廣告

el farol
路燈

la calle
街道

el taxi
計程車

la dulcería
小吃店

el peatón
行人

la banqueta
人行道

el paso peatonal
斑馬線

el bote de basura
垃圾箱

el cruce
十字路口

el semáforo
紅綠燈

CINEMA

la cabaña
小屋

el apartamento
公寓

la estación de tren
火車站

el ayuntamiento
市政廳

el museo
博物館

la escuela
學校

la universidad

大學

el banco

銀行

el hospital

醫院

el hotel

飯店

la farmacia

藥房

la oficina

辦公室

la librería

書店

la tienda

商店

la florería

花店

el supermercado

超市

el mercado

市場

las grandes tiendas

百貨商店

la pescadería

魚店

el centro comercial

購物中心

el puerto

海港

el parque

公園

el banco

長凳

el puente

橋

las escaleras

樓梯

el metro

捷運

el túnel

隧道

la parada de autobús

公車站

el bar

酒吧

el restaurante

餐館

el buzón

郵筒

el letrero

路標

el parquímetro

停車計時器

el zoológico

動物園

la alberca

游泳池

la mezquita

清真寺

la granja

農場

la contaminación

污染

el cementerio

墓地

la iglesia

教堂

el área de niños

操場

el templo

寺廟

el paisaje

地形

la hoja
樹葉

la señal
指示牌

el camino
路

la pradera
草地

la piedra
石頭

el árbol
樹

el caminante
徒步旅行者

el río
河

el pasto
草

la flor
花

el valle

峽谷

la montaña

丘陵

el lago

湖

el bosque

森林

el desierto

沙漠

el volcán

火山

el castillo

城堡

el arco iris

彩虹

el champiñón

蘑菇

la palmera

棕櫚樹

el mosquito

蚊子

la mosca

蒼蠅

la hormiga

螞蟻

la abeja

蜜蜂

la araña

蜘蛛

el escarabajo

甲蟲

la rana

青蛙

la ardilla

松鼠

el erizo

刺蝟

la liebre

野兔

la lechuza

貓頭鷹

el pájaro

鳥

el cisne

天鵝

el jabalí

野豬

el ciervo

鹿

el alce

麋鹿

el embalse

水壩

la turbina eólica

風力發電機

el panel solar

太陽能電池板

el clima

氣候

el camarero
服務生

el menú
菜譜

la silla
椅子

la sopa
湯

la pizza
披薩餅

los cubiertos
餐具

el mantel
桌布

la entrada

前菜

el plato fuerte

主菜

el postre

甜點

las bebidas

飲料

la comida

食物

la botella

瓶子

la comida rápida

速食

la comida de la calle

街邊小吃

la tetera

茶壺

la azucarera

糖盒

la porción

一份飯菜

la cafetera espresso

義式咖啡機

la periquera

高腳椅

la cuenta

帳單

la charola

托盤

el cuchillo

刀

el tenedor

餐叉

la cuchara

勺子

la cuchara de té

茶匙

la servilleta

餐巾

el vaso

玻璃杯

el plato

碟子

el plato hondo

湯盤

el plato

碟子

la salsa

醬

el salero

鹽瓶

el molino para pimienta

胡椒研磨罐

el vinagre

醋

el aceite

食用油

las especias

調味料

el kétchup

番茄醬

la mostaza

芥末

la mayonesa

美乃滋

el supermercado
超市

la oferta especial
特價

el cliente
顧客

los productos lácteos
乳製品

la fruta
水果

el carrito para compras
購物車

FOR

la carnicería
肉鋪

la panadería
麵包店

pesar
稱重

los vegetales
蔬菜

la carne
肉

los alimentos congelados
冷凍食品

las carnes frías

冷盤

los alimentos enlatados

罐頭食品

el detergente en polvo

洗衣粉

los dulces

甜食

los electrodomésticos

日用品

productos de limpieza

清潔用品

la vendedora

銷售員

la caja

收銀機

el cajero

收銀員

la lista de compras

購物清單

el horario de atención al público

開放時間

la cartera

錢包

la tarjeta de crédito

信用卡

la bolsa

袋子

la bolsa de plástico

塑膠袋

el agua

水

el jugo

果汁

la leche

牛奶

el refresco de cola

可樂

el vino

紅酒

la cerveza

啤酒

el alcohol

酒

el cacao

可可

el té

茶

el café

咖啡

el espresso

義式濃縮咖啡

el cappuccino

卡布奇諾

el plátano

香蕉

la manzana

蘋果

la naranja

柳丁

el melón

西瓜

el limón

檸檬

la zanahoria

胡蘿蔔

el ajo

大蒜

el bambú

竹子

la cebolla

洋蔥

el champiñón

蘑菇

las nueces

堅果

los fideos

麵條

los espaguetis

義大利麵

el arroz

米飯

la ensalada

沙拉

las patatas fritas

薯條

las patatas fritas

炸馬鈴薯

la pizza

披薩餅

la hamburguesa

漢堡

el emparedado

三明治

el filete

炸豬排

el jamón

火腿

el salami

義大利臘腸

la salchicha

香腸

el pollo

雞肉

el asado

烤肉

el pescado

魚

los copos de avena

燕麥片

el muesli

木斯里

los copos de maíz

玉米片

la harina

麵粉

el cuernito

牛角麵包

el bolillo

麵包捲

el pan

麵包

la tostada

吐司

las galletas

餅乾

la mantequilla

奶油

la cuajada

凝乳

el pastel

蛋糕

el huevo

蛋

el huevo frito

煎蛋

el queso

起司

el helado

冰淇淋

el azúcar

糖

la miel

蜂蜜

la mermelada

果醬

la crema de chocolate

巧克力醬

el curry

咖哩

la granja
農舍

el granero
糧倉

una paca de paja
稻草捆

el campo
田野

el caballo
馬

el remolque
拖車

el tractor
拖拉機

el potro
馬駒

el burro
驢

la oveja
羊

el cordero
羔羊

la cabra

山羊

la vaca

奶牛

el ternero

小牛

el cerdo

豬

el lechón

小豬

el toro

公牛

el ganso

鵝

el pato

鴨

el pollo

小雞

la gallina

母雞

el gallo

公雞

la rata

鼠

el gato

貓

el ratón

老鼠

el buey

牛

el perro

狗

la casa del perro

狗屋

la manguera

花園澆水軟管

la regadera

澆水壺

la guadaña

長柄大鐮刀

el arado

犁

la hoz

鐮刀

el azadón

鋤頭

la horquilla

長柄草耙

el hacha

斧頭

la carretilla

獨輪手推車

el bebedero

飼料槽

el bote de leche

牛奶罐

el saco

麻布袋

la valla

柵欄

el establo

馬廄

el invernadero

溫室

el suelo

土壤

la semilla

種子

el fertilizador

肥料

la cosechadora

聯合收割機

cosechar

收割

la cosecha

收割

el camote

地瓜

el trigo

小麥

la soja

大豆

la patata

土豆

el maíz

玉米

la semilla de colza

油菜籽

el árbol frutal

果樹

la mandioca

樹薯

las cereales

穀物

la chimenea
煙囪

el tejado
屋頂

el canalón
落水管

la ventana
窗戶

el garaje
車庫

el timbre
門鈴

la puerta
門

el bote de basura
垃圾桶

el buzón
信箱

el jardín
花園

la estancia

客廳

el baño

浴室

la cocina

廚房

la recámara

臥室

la recámara de los niños

兒童房

el comedor

餐廳

el suelo

地板

la pared

牆壁

el techo

天花板

el sótano

地窖

el sauna

三溫暖

el balcón

陽臺

la terraza

露臺

la alberca

游泳池

el cortacésped

割草機

la sábana

被單

la colcha

床罩

la cama

床

la escoba

掃帚

el balde

水桶

el interruptor

開關

el papel para empapelar
壁紙

la imagen
相片

la lámpara
檯燈

el estante
擱架

la alacena
櫥櫃

la televisión
電視

la chimenea
壁爐

la flor
花

el cojín
墊子

el florero
花瓶

el sofá
沙發

el control remoto
遙控器

la alfombra

地毯

la cortina

窗簾

la mesa

餐桌

la silla

椅子

la mecedora

搖椅

el sillón

扶手椅

el libro

書

la frazada

毯子

la decoración

裝飾品

la leña

木柴

la película

電影

el equipo de música

高傳真音響

la llave

鑰匙

el periódico

報紙

la pintura

油畫

el póster

海報

la radio

收音機

el cuaderno

筆記本

la aspiradora

吸塵器

el cactus

仙人掌

la vela

蠟燭

el refrigerador
冰箱

el microondas
微波爐

la báscula de cocina
廚房秤

la tostadora
烤麵包機

el detergente
洗潔精

el horno
烤箱

el congelador
冰櫃

el bote de basura
垃圾桶

el lavavajillas
洗碗機

la olla a presión

炊具

la olla

鍋

la olla de hierro fundido

鑄鐵鍋

el wok

炒鍋

la sartén

平底鍋

el hervidor

水壺

la vaporera

蒸鍋

la charola de horno

烤盤

la loza

陶瓷鍋

la taza

馬克杯

el bol

碗

los palillos

筷子

el cucharón

長柄勺

la espátula

鏟子

la batidora

攪拌器

el colador

濾網

el colador

篩子

el rallador

磨碎機

el mortero

研缽

la barbacoa

燒烤

la fogata

明火

la tabla para picar

菜板

el rodillo para amasar

擀麵杖

el sacacorchos

開瓶器

la lata

罐子

el abrelatas

開罐器

el guante de cocina

隔熱手套

el fregadero

水槽

el cepillo

刷子

la esponja

海綿

la batidora

攪拌機

el congelador

冷藏箱

el biberón

奶瓶

la llave

水龍頭

la ducha
淋浴

la calefacción
供暖裝置

la toalla
毛巾

la cortina de la ducha
浴簾

el baño de espuma
泡沫浴

la tina
浴缸

el vaso
玻璃杯

la lavadora
洗衣機

las baldosas
瓷磚

la llave
水龍頭

la bacinica
便壺

el fregadero
水槽

el inodoro

廁所

la letrina

蹲便器

el bidé

坐浴器

el mingitorio

小便斗

el papel higiénico

廁紙

el cepillo para baño

馬桶刷

el cepillo de dientes

牙刷

la pasta dental

牙膏

el hilo dental

牙線

lavar

洗

la ducha de mano

手持式蓮蓬頭

la ducha vaginal

沖洗器

el fregadero

洗臉盆

el cepillo de espalda

洗背刷

el jabón

肥皂

el gel de ducha

沐浴露

el champú

洗髮乳

la toallita

法蘭絨

el drenaje

排水

la crema

乳霜

el desodorante

除臭劑

el espejo

鏡子

el espejo de tocador

手鏡

la máquina para afeitar

刮鬍刀

la espuma de afeitar

刮鬍泡沫

la loción para después de afeitar

鬍後水

el peine

梳子

el cepillo

刷子

la secadora

吹風機

la laca

噴髮定型劑

el maquillaje

化妝品

el lápiz labial

唇膏

el esmalte para uñas

指甲油

el algodón

化妝棉

las tijeras para uñas

指甲剪

el perfume

香水

el estuche para cosméticos

洗漱包

el taburete

凳子

la báscula

計重秤

la bata

浴袍

los guantes de goma

橡膠手套

el tampón

衛生棉條

la toalla sanitaria

衛生棉

el baño móvil

化學廁所

el despertador
鬧鐘

el peluche
毛絨玩具

el carro de juguete
玩具車

la sonaja
撥浪鼓

la casa de muñecas
玩具屋

el regalo
禮物

el globo

氣球

la cama

床

la carriola

嬰兒車

las cartas

撲克牌

el rompecabezas

拼圖

el cómic

漫畫

las piezas de lego

樂高積木

los bloques para jugar

積木玩具

la figura de acción

公仔

el mameluco

嬰兒服

el frisbee

飛盤

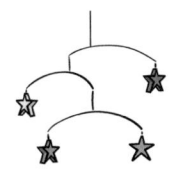

el móvil para bebés

床鈴玩具

el juego de mesa

棋盤遊戲

los dados

骰子

el tren eléctrico

火車模型

el maniquí

安撫奶嘴

la fiesta

派對

el álbum de fotos

繪本

el balón

球

la muñeca

洋娃娃

jugar

玩

el arenero

沙坑

el columpio

鞦韆

los juguetes

玩具

la consola de videojuegos

電玩遊戲

el triciclo

三輪車

el oso de peluche

泰迪熊

el clóset

衣櫃

la ropa

衣服

los calcetines

襪子

las pantimedias

長襪

las mallas

緊身褲

la bufanda
圍巾

el paraguas
雨傘

la playera
T恤

el cinto
皮帶

las botas
靴子

las chanclas
拖鞋

los tenis
運動鞋

las sandalias
涼鞋

los zapatos
鞋

las botas de goma
雨靴

la ropa interior
內褲

el brasier
胸罩

el chaleco
背心

el body

身體

los pantalones

褲子

los pantalones de mezclilla

牛仔褲

la falda

短裙

la blusa

女式襯衫

la camisa

襯衫

el suéter

套頭衫

la sudadera

連帽上衣

el saco sport

西裝夾克

la chamarra

夾克

el abrigo

外套

el impermeable

雨衣

el traje

套裝

el vestido

連衣裙

el vestido de novia

婚紗

el traje

西裝

el camisón

睡袍

el pijama

睡衣

el sari

莎麗

el pañuelo para la cabeza

頭巾

el turbante

包頭巾

la burka

波卡

el caftán

卡夫坦

la abaya

(阿拉伯式)長袍

el traje de baño

泳衣

el short de baño

男式泳褲

los shorts

短褲

los pants

運動服

el delantal

圍裙

los guantes

手套

el botón

鈕扣

las gafas

眼鏡

el brazalete

手鏈

el collar

項鍊

el anillo

戒指

el arete

耳環

la gorra

便帽

el gancho

衣架

el sombrero

帽子

la corbata

領帶

el cierre

拉鍊

el casco

安全帽

los tirantes

背帶

el uniforme

校服

el uniforme

制服

el babero

圍兜

el maniquí

安撫奶嘴

el pañal

尿布

la oficina

辦公室

el servidor
伺服器

el archivo
檔案櫃

el papel
紙

la impresora
印表機

el monitor
螢幕

el escritorio
辦公桌

el mouse
滑鼠

la carpeta
資料夾

el teclado
鍵盤

el bote de basura
廢紙簍

la silla
椅子

la computadora
電腦

la taza de café

咖啡杯

la calculadora

計算機

el internet

網際網路

la notebook

筆記型電腦

la carta

信件

el mensaje

簡訊

el móvil

行動電話

la red

網路

la fotocopiadora

影印機

el software

軟體

el teléfono

電話

el tomacorriente

插座

el fax

傳真機

el formulario

表格

el documento

檔案

comprar

買

pagar

付錢

hacer negocios

交易

el dinero

現金

el dólar

美元

el euro

歐元

el yen

日元

el rublo

盧布

el franco suizo

瑞士法郎

el yuan

人民幣

la rupia

盧比

el cajero automático

提款處

la casa de cambio

外幣兌換處

el oro

金

la plata

銀

el petróleo

石油

la energía

能源

el precio

價格

el contrato

合約

el impuesto

稅金

la acción

股票

trabajar

工作

el empleado

職員

el empleador

老闆

la fábrica

工廠

la tienda

商店

el policía
警官

el bombero
消防員

el cocinero
廚師

el médico
醫師

el piloto
飛行員

el jardinero

園丁

el carpintero

木匠

la costurera

裁縫

el juez

法官

el farmacéutico

化學家

el actor

演員

el conductor de autobús

公車司機

el taxista

計程車司機

el pescador

漁夫

la señora de la limpieza

清洗女工

el instalador de techos

屋頂工

el camarero

服務生

el cazador

獵人

el pintor

畫家

el panadero

麵包師

el electricista

電工

el obrero

建築工人

el ingeniero

工程師

el carnicero

屠夫

el plomero

水管工

el cartero

郵差

el soldado

士兵

el arquitecto

建築師

el cajero

收銀員

el florista

花農

el peluquero

理髮師

el cobrador

售票員

el mecánico

機械技師

el capitán

船長

el dentista

牙醫

el científico

科學家

el rabino

拉比

el imán

伊瑪目

el monje

和尚

el sacerdote

牧師

el martillo
鐵錘

la pinza
鉗子

el desarmador
螺絲起子

la llave
扳手

la linterna
手電筒

la excavadora

挖掘機

la caja de herramientas

工具箱

la escalera de mano

梯子

la sierra

鋸子

los clavos

釘子

el taladro

鑽機

reparar

修

la pala

鏟子

¡Maldición!

糟糕！

el recogedor

畚箕

el bote de pintura

油漆桶

los tornillos

螺絲

los instrumentos musicales

樂器

el altavoz
揚聲器

la batería
打擊樂器

la guitarra
吉他

el contrabajo
低音提琴

la trompeta
小號

el piano

鋼琴

el violín

小提琴

el bajo

貝斯

los timbales

定音鼓

el tambor

鼓

el teclado

電子琴

el saxofón

薩克斯風

la flauta

長笛

el micrófono

麥克風

la entrada
入口

el tigre
老虎

la jaula
籠子

la cebra
斑馬

el alimento para animales
動物飼料

el oso panda
熊貓

los animales

動物

el elefante

大象

el canguro

袋鼠

el rinoceronte

犀牛

el gorila

大猩猩

el oso

熊

el camello

駱駝

el avestruz

鴕鳥

el león

獅子

el mono

猴子

el flamenco

紅鶴

el loro

鸚鵡

el oso polar

北極熊

el pingüino

企鵝

el tiburón

鯊魚

el pavo real

孔雀

la serpiente

蛇

el cocodrilo

鱷魚

el guardián de zoológico

動物園管理員

la foca

海豹

el jaguar

美洲豹

el poni

矮種馬

el leopardo

豹

el hipopótamo

河馬

la jirafa

長頸鹿

el águila

老鷹

el jabalí

野豬

el pescado

魚

la tortuga

龜

la morsa

海象

el zorro

狐狸

la gacela

羚羊

el fútbol americano
橄欖球

el ciclismo
騎腳踏車

el tenis
網球

el baloncesto
籃球

la natación
游泳

el boxeo
拳擊

el hockey sobre hielo
冰球

el fútbol
美式足球

el bádminton
羽毛球

el atletismo
田徑

el handball
手球

el esquí
滑雪

el polo
馬球

saltar
跳

reír
笑

abrazar
擁抱

caminar
走路

cantar
唱

soñar
做夢

rezar
祈禱

besar
親吻

escribir

書寫

dibujar

畫

mostrar

展示

empujar

推

dar

給

tomar

拿

tener

有

hacer

做

ser

當

estar parado

站

correr

跑

jalar

拉

arrojar

丟

caer

摔倒

estar acostado

躺

esperar

等待

llevar

攜帶

estar sentado

坐

vestirse

穿衣

dormir

睡覺

despertar

醒來

mirar

看

llorar

哭

acariciar

擊

peinar

梳頭

hablar

交談

entender

明白

preguntar

問

escuchar

聽

beber

喝

comer

吃

ordenar

清理

amar

愛

cocinar

做飯

conducir

開車

volar

飛

navegar

航行

calcular

計算

leer

讀

aprender

學習

trabajar

工作

casarse

結婚

coser

縫

cepillarse los dientes

刷牙

matar

殺

fumar

抽菸

enviar

寄

la abuela
祖母

el abuelo
祖父

el padre
父親

la madre
母親

el bebé
嬰兒

la hija
女兒

el hijo
兒子

el invitado

客人

la tía

阿姨

el tío

叔叔

el hermano

兄弟

la hermana

姐妹

la frente
前額

el ojo
眼睛

el hombro
肩膀

el dedo
手指

la cara
臉

la barbilla
下巴

la mano
手

el pecho
乳房

la pierna
腿

el brazo
手臂

el bebé

嬰兒

el hombre

男人

la mujer

女人

la niña

女孩

el niño

男孩

la cabeza

頭

la espalda

背部

la barriga

肚子

el ombligo

肚臍

el dedo del pie

腳趾

el talón

腳後跟

el hueso

骨頭

la cadera

臀部

la rodilla

膝蓋

el codo

手肘

la nariz

鼻子

las pompis

屁股

la piel

皮膚

la mejilla

臉頰

el oído

耳朵

el labio

嘴唇

la boca

嘴

el diente

牙齒

la lengua

舌頭

el cerebro

腦

el corazón

心臟

el músculo

肌肉

el pulmón

肺

el hígado

肝臟

el estómago

胃

los riñones

腎臟

el sexo

性交

el condón

保險套

el óvulo

卵子

el semen

精子

el embarazo

懷孕

la menstruación

月事

la vagina

陰道

el pene

陰莖

la ceja

眉毛

el cabello

頭髮

el cuello

脖子

el hospital
醫院

la ambulancia
急救車

la silla de ruedas
輪椅

la fractura
骨折

el médico

醫師

la sala de emergencias

急診室

la enfermera

護理師

la emergencia

緊急情形

inconsciente

昏迷

el dolor

痛

la lesión

受傷

la hemorragia

出血

el infarto

心臟病發作

el accidente
cerebrovascular

中風

la alergia

過敏

la tos

咳嗽

la fiebre

發燒

la gripa

流感

la diarrea

腹瀉

el dolor de cabeza

頭痛

el cáncer

癌症

la diabetes

糖尿病

el cirujano

外科醫師

el bisturí

手術刀

la operación

手術

TC

電腦斷層掃描

los rayos x

X光

el ultrasonido

超音波

la mascarilla

口罩

la enfermedad

疾病

la sala de espera

候診室

la muleta

拐杖

la vendita

石膏

el vendaje

繃帶

la inyección

注射

el estetoscopio

聽診器

la camilla

擔架

el termómetro

體溫計

el nacimiento

出生

el sobrepeso

超重

el audífono

助聽器

el desinfectante

消毒液

la infección

感染

el virus

病毒

VIH / SIDA

愛滋病

la medicina

藥物

la vacunación

接種疫苗

las tabletas

藥片

la pastilla anticonceptiva

藥丸

la llamada de emergencia

急救電話

el medidor de presión

血壓計

enfermo / sano

生病/健康

¡Socorro!

救命！

la alarma

警報

la agresión

突擊

el ataque

攻擊

el peligro

危險

la salida de emergencia

緊急出口

¡Fuego!

失火了！

el extintor de incendios

滅火器

el accidente

意外

el botiquín de primeros
auxilios

急救箱

SOS

呼救訊號

la policía

員警

Europa

歐洲

Norteamérica

北美洲

Sudamérica

南美洲

África

非洲

Asia

亞洲

Australia

澳洲

el Atlántico

大西洋

el Pacífico

太平洋

el Océano Índico

印度洋

el Océano Antártico

南冰洋

el Océano Ártico

北冰洋

el polo norte

北極

el polo sur

南極

la Antártida

南極洲

la tierra

地球

la tierra

陸地

el mar

海

la isla

島

la nación

國家

el estado

州

la esfera

錶盤

la manecilla de las horas

時針

el minutero

分針

el segundero

秒針

¿Qué hora es?

現在幾點？

el día

天

la hora

時間

ahora

現在

el reloj digital

電子錶

el minuto

分

la hora

時

la semana

週

lunes 週一

martes 週二

miércoles 週三

jueves 週四

viernes 週五

sábado 週六

domingo 週日

ayer

昨天

hoy

今天

mañana

明天

la mañana

早晨

el mediodía

中午

la tarde

晚上

los días laborables

工作日

el fin de semana

週末

la lluvia
雨

el arco iris
彩虹

la nieve
雪

el viento
風

la primavera
春

el otoño
秋

el verano
夏

el invierno
冬

el pronóstico del tiempo

天氣預告

el termómetro

溫度計

el sol

陽光

la nube

雲

la niebla

霧

la humedad

潮濕

el rayo

閃電

el trueno

打雷

la tormenta

風暴

el granizo

冰雹

el monzón

季風

la inundación

洪水

el hielo

冰

enero

一月

febrero

二月

marzo

三月

abril

四月

mayo

五月

junio

六月

julio

七月

agosto

八月

septiembre

九月

octubre

十月

noviembre

十一月

diciembre

十二月

las formas

形狀

el círculo

圓形

el cuadrado

正方形

el rectángulo

長方形

el triángulo

三角形

la esfera

球體

el cubo

立方體

blanco

白

amarillo

黃

naranja

橙

rosa

粉

rojo

紅

morado

紫

azul

藍

verde

綠

marrón

棕

gris

灰

negro

黑

mucho / poco

很多/少許

enojado / tranquilo

生氣/平靜

bonito / feo

美/醜

principio / fin

首/尾

grande / pequeño

大/小

claro / oscuro

明/暗

el hermano / la hermana

兄弟/姐妹

limpio / sucio

乾淨/骯髒

completo / incompleto

完整/缺失

el día / la noche

白天/晚上

muerto / vivo

死/生

ancho / angosto

寬/窄

comestible / no comestible

可食用/非食用

malo / amable

邪惡/善良

entusiasmado / aburrido

興奮/無聊

gordo / delgado

胖/瘦

primero / último

第一/最後

el amigo / el enemigo

朋友/敵人

lleno / vacío

滿/空

duro / blando

硬/軟

pesado / ligero

重/輕

el hambre / la sed

餓/渴

enfermo / sano

生病/健康

ilegal / legal

非法/合法

inteligente / tonto

聰明/愚笨

izquierda / derecha

左/右

cerca / lejos

近/遠

nuevo / usado

新/舊

nada / algo

沒有/有些

viejo / joven

老/幼

encendido / apagado

開/關

abierto / cerrado

打開/闔上

silencioso / ruidoso

安靜/吵鬧

rico / pobre

富/窮

correcto / incorrecto

對/錯

áspero / suave

粗糙/光滑

triste / contento

傷心/高興

corto / largo

短/長

lento / rápido

慢/快

húmedo / seco

濕/乾

caliente / frío

溫暖/涼爽

guerra / paz

戰爭/和平

los opuestos - 反義詞

los números

0

cero

零

1

uno

一

2

dos

二

3

tres

三

4

cuatro

四

5

cinco

五

6

seis

六

7

siete

七

8

ocho

八

9

nueve

九

10

diez

十

11

once

十一

12
doce

十二

13
trece

十三

14
catorce

十四

15
quince

十五

16
dieciséis

十六

17
diecisiete

十七

18
dieciocho

十八

19
diecinueve

十九

20
veinte

二十

100
cien

百

1.000
mil

千

1.000.000
el millón

百萬

el inglés

英語

el inglés americano

美式英語

el chino mandarín

普通話

el hindi

印地語

el español

西班牙語

el francés

法語

el árabe

阿拉伯語

el ruso

俄語

el portugués

葡萄牙語

el bengalí

孟加拉語

el alemán

德語

el japonés

日語

yo

我

tú

你

él / ella

他/她/它

nosotros

我們

vosotros

你們

ellos

他們

¿quién?

誰？

¿qué?

什麼？

¿cómo?

如何？

¿dónde?

何處？

¿cuándo?

何時？

el nombre

名字

detrás

後面

en

裡面

delante de

前面

por encima de

上方

sobre

上面

debajo de

下麵

junto a

旁邊

entre

中間

el lugar

地點